Fernanda Neves

Vamos falar sobre Cardiopatia Congênita!

Ilustrações de OZampronio

O que te faz Super? Vamos falar sobre Cardiopatia Congênita!
Copyright © 2023 Fernanda Neves

Idealizadora e Autora: Fernanda Neves
Ilustrações Copyright © 2023 OZampronio
Projeto Gráfico: Rafael Augusto
Revisão: Maria Marinho

Dados Internacionais de Catalogação na Publicação (CIP)
(Câmara Brasileira do Livro, SP, Brasil)

Neves, Fernanda
       O que te faz super? : Vamos falar sobre Cardiopatia Congênita! / Fernanda Neves ; ilustração Leonardo Zampronio. -- 1. ed. -- Brasília, DF : Ed. da Autora, 2023. -- (O que te faz super? ;3)

       ISBN 978-65-00-67461-3

       1. Cardiopatias congênitas em crianças
       2. Literatura infantojuvenil
       I. Zampronio, Leonardo. II. Título III. Série.

23-152322   CDD-028.5

Índices para catálogo sistemático:
1. Literatura infantil 028.5
2. Literatura infantojuvenil 028.5
Aline Graziele Benitez - Bibliotecária - CRB-1/3129

www.superprojeto.com
Dubai 2023

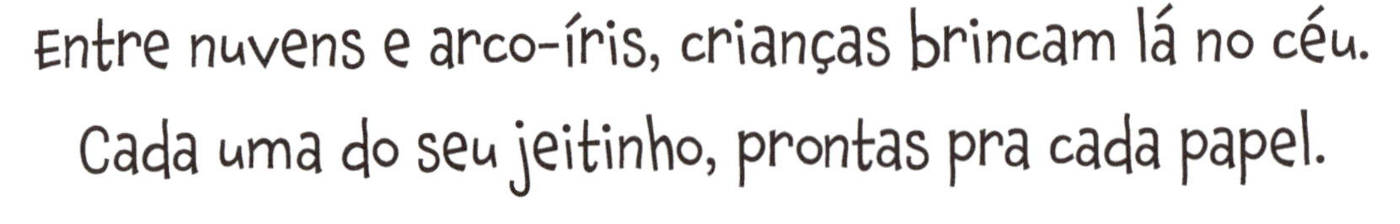

Entre nuvens e arco-íris, crianças brincam lá no céu.
Cada uma do seu jeitinho, prontas pra cada papel.

Em um escorregador gigante,
descem com alegria contagiante.

Cada qual pra sua família,
em um grande encontro emocionante.

Tantas coisas nos fazem parecidos e,
ao mesmo tempo, desiguais.

De surpresa, eu cheguei azul
quando encontrei meus pais.

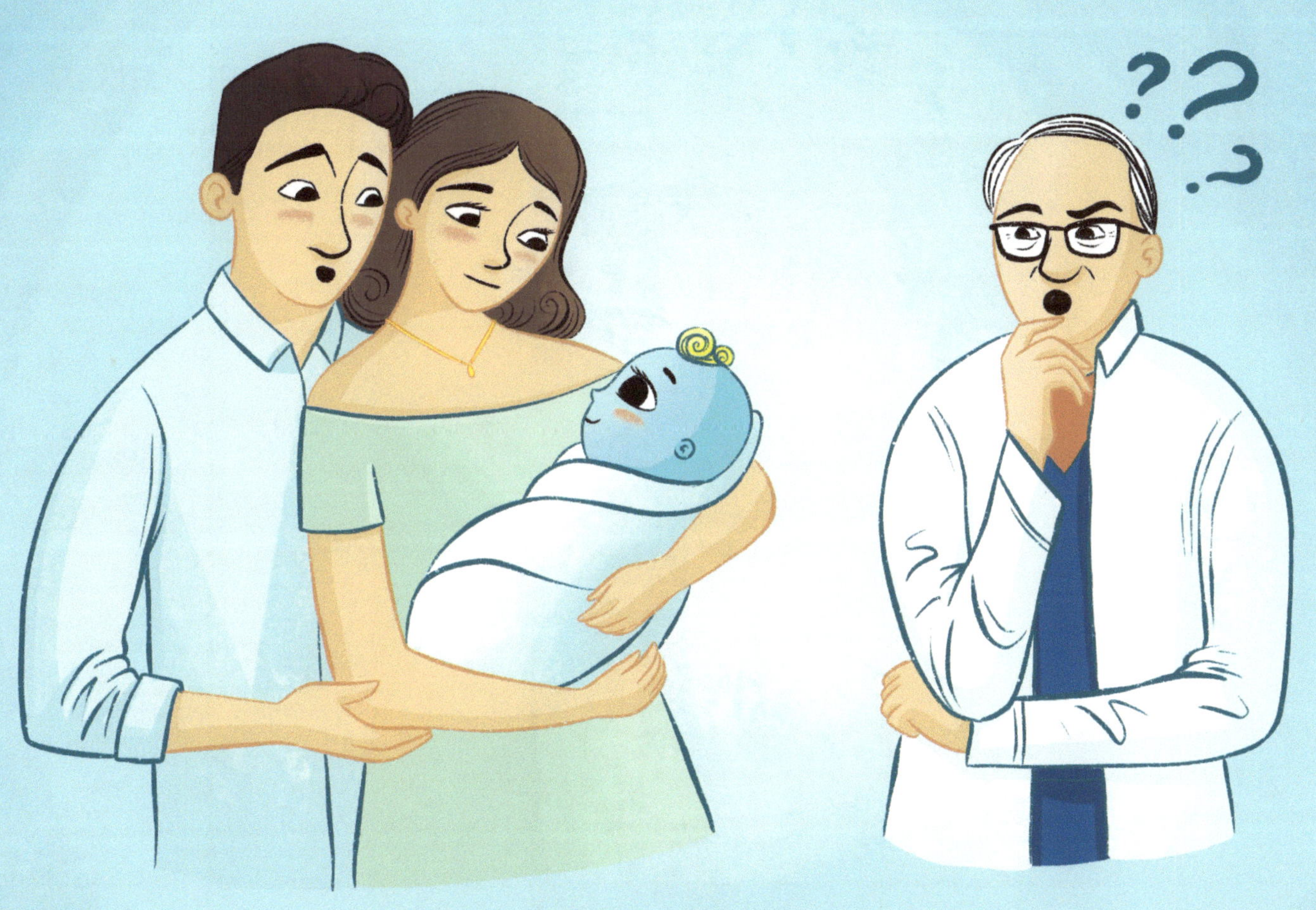

Vi nos olhos do doutor uma interrogação.
Todas as cores são lindas, mas essa lhe chamou atenção.

O azul, de repente, mostra haver algo diferente.
É normal nos questionar sempre que alguma coisa nos surpreende.

Foi após um ecocardiograma que veio a revelação:
Um segredo bem guardado dentro do meu coração.

Algumas peças não estavam
muito bem encaixadas.

E, por isso, elas precisariam ser
reconectadas.

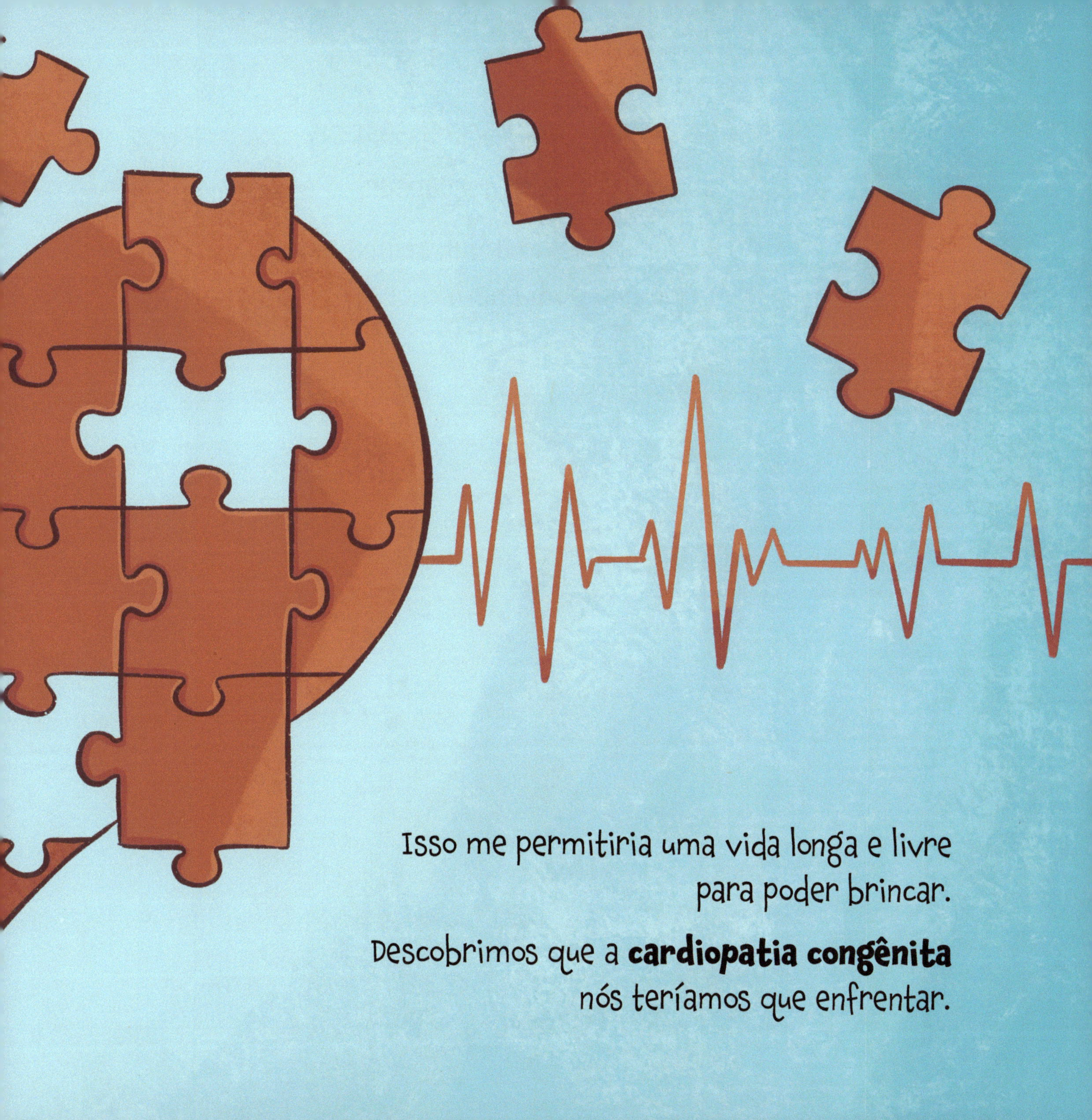

Isso me permitiria uma vida longa e livre
para poder brincar.

Descobrimos que a **cardiopatia congênita**
nós teríamos que enfrentar.

Já em casa, vi mamãe atarefada
e o papai sem descansar,

Ao cuidarem de uma bebezinha azul
que não podia nem chorar.

Muitos nomes a aprender, e toda hora a monitorar.
Mamadeiras, fraldas, saturação... Tanta coisa pra pensar!

Entre beijos e abraços, o grande dia se aproximava.
A cirurgia era importante, mas também nos preocupava.

Com a fé de que nossa separação
seria apenas passageira,

As horas pareceram dias, e tiramos
forças de qualquer maneira.

CECÍLIA

No quarto de recuperação, foi
aquela comoção,
Todos celebrando juntos o meu
renovado coração.

Em meio a aparelhos de hospital
e um tanto de medicação,
Nossos dias foram preenchidos
pela mais profunda gratidão.

De repente, a vida voltou a se encher de cor.
A felicidade dos meus pais
era do tamanho do nosso amor.

Corre-corre, pula-pula,
o cansaço não vai mais me segurar.

Tendo um tempinho pra descansar,
posso de tudo brincar!

As visitas ao hospital
ainda serão constantes,

Nada que me impeça de ter
um futuro radiante.

Com a cardiopatia congênita
para sempre vou conviver,

Mas, com cuidados
e tratamentos adequados,
não terei nada a temer.

A cicatriz que no meu peito atravessa
é o portal para o meu lindo coração.

É ela que me mostra que, para tudo,
sempre vai haver uma solução.

Nossas marcas contam histórias
e são elas que nos fazem fortes.

É o que me lembra todos os dias de que sou
uma menina amada e de muita, muita sorte!

O QUE TE
FAZ SUAR?

Cecília Troy Rios

Sobre a idealizadora e autora

Fernanda Neves

Fernanda Neves é uma profissional de Comunicação graduada em Audiovisual e Jornalismo pela Universidade de Brasília, com experiência em TV, Produção de filmes e Marketing Digital no Brasil e nos Emirados Árabes Unidos. Há 10 anos, chama Dubai de casa, onde divide a vida com o marido, uma cachorrinha e duas crianças extraordinárias.

Em 2016, tornou-se mãe pela primeira vez, quando conheceu o amor mais transformador: o amor pelas diferenças. Sua filha Amora nasceu com dois dedos na mão direita amputados, causados por uma condição rara chamada Síndrome da Brida Amniótica. Desde então, mergulhou no universo da maternidade atípica e tem como missão criar um impacto positivo sobre a diversidade para um mundo mais empático e inclusivo.

O que te faz Super? é a sua estreia como autora de livros infantis, que pretende ser um instrumento poderoso de apoio para iniciar conversas sobre deficiências e diferenças, visíveis ou invisíveis, promovendo representatividade, difundindo conhecimento e empoderando pequenos humanos ao redor do mundo sobre a beleza da diversidade.

Sobre o ilustrador

Leonardo Zampronio

Léo nasceu em Guarulhos, São Paulo (Brasil). Desde pequeno, sempre teve o hábito de desenhar. Um talento bem incentivado por sua família. Desenhar era uma de suas "brincadeiras" favoritas. Léo nunca teve dúvidas de que trabalhar com desenho seria seu grande sonho e objetivo. Quando completou 18 anos, encontrou na ilustração a melhor forma de expressar a sua arte. Um ano após o início de sua carreia, ilustrou o seu primeiro livro. Hoje, aos 23 anos, OZampronio tem 12 livros publicados com ilustrações espalhadas em mais de 10 países, incluindo 4 continentes. Sente-se realizado com seus trabalhos e está sempre em busca de aprender e crescer cada vez mais.

@OZampronio
leozamproionart@gmail.com

Sobre a Cardiopatia Congênita

A **Cardiopatia Congênita** ocorre quando a estrutura do coração não se forma adequadamente durante o desenvolvimento fetal, fazendo com que o bebê nasça com as funções cardíacas comprometidas. Mais de 30 tipos de defeitos cardíacos, variando de leves a graves, podem estar presentes no nascimento. A cardiopatia congênita é considerada uma das malformações mais comuns que podem ocorrer durante a gravidez.

Casos de cardiopatia congênita podem ser diagnosticados antes mesmo de o bebê nascer, por meio de um ecocardiograma fetal. O diagnóstico precoce possibilita uma melhor preparação para o parto e, caso necessário, a programação de uma rápida intervenção cirúrgica. No entanto, muitos diagnósticos são feitos apenas após o nascimento, durante a infância ou até mesmo na vida adulta.

Em geral, os sinais clínicos das cardiopatias congênitas são identificados por um médico ou pelos próprios pais. Entre os sinais e sintomas, coloração azulada nos lábios e unhas, sonolência, cansaço e respiração ofegante ao mamar. Após o diagnóstico clínico, exames como ecocardiograma e raio x podem confirmar o diagnóstico e o tipo de cardiopatia, o que ajudará a indicar o melhor tratamento para cada caso.

As cardiopatias congênitas podem causar ou não cianose, uma coloração azulada da pele devido à baixa oxigenação do sangue. Portanto, são classificadas em dois tipos: cianóticas e acianóticas. Entre as cianóticas estão: *Tetralogia de Fallot*, *Transposição das Grandes Artérias*, *Atresia Tricúspide*, *Anomalia de Ebstein* e *Atresia Pulmonar*. Já entre as acianóticas estão: *Comunicação Interventricular*, *Comunicação Interatrial*, *Persistência do Canal Arterial* e *Coartação de Aorta*.

Crianças com cardiopatias congênitas geralmente precisarão de acompanhamento médico e outras intervenções ao longo da vida. Entretanto, devido aos avanços da medicina, essas crianças são capazes de levar uma vida normal e saudável.

Fernanda Neves | Maio 2023

Fontes:
https://www.cdc.gov/ncbddd/heartdefects/facts.html
https://www.nhs.uk/conditions/congenital-heart-disease
https://seucardio.com.br/principais-cardiopatias-congenitas

**Todas as informações relacionadas à Cardiopatia Congênita contidas neste livro foram verificadas e validadas pela Profa. Dra. Ivana Picone Borges de Aragão, Cardiologista e Professora Adjunta do curso de medicina da Universidade de Vassouras.*

Visite o nosso website:
www.superprojeto.com

@_superprojeto

fernanda@superprojeto.com